Animal Alphabet Writing Pages

Letter Tracing Book for Preschoolers 3-5 Plus Bonus Coloring Pages

is for alligator

A A A A A A

a a a a a a a a a a

A A A A A A

a a a a a a a a a a

A A A A A A

a a a a a a a a a a

A A A A A A

a a a a a a a a a a

B B B B B B

b b b b b b b b b

B B B B B B

b b b b b b b b b

B B B B B B

b b b b b b b b b

B B B B B B

b b b b b b b b b

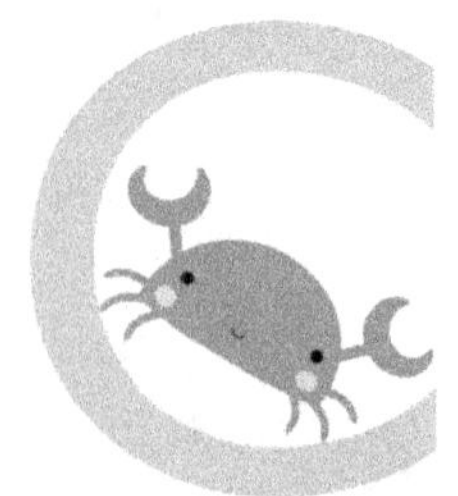

is for crab

C C C C C C

c c c c c c c c c c

C C C C C C

c c c c c c c c c c

C C C C C C

c c c c c c c c c c

C C C C C C

c c c c c c c c c c

is for deer

D D D D D D

d d d d d d d d d d

D D D D D D

d d d d d d d d d d

D D D D D D

d d d d d d d d d d

D D D D D D

d d d d d d d d d d

E is for elephant

F is for fox

F F F F F F

f f f f f f f f f

F F F F F F

f f f f f f f f f

F F F F F F

f f f f f f f f f

F F F F F F

f f f f f f f f f

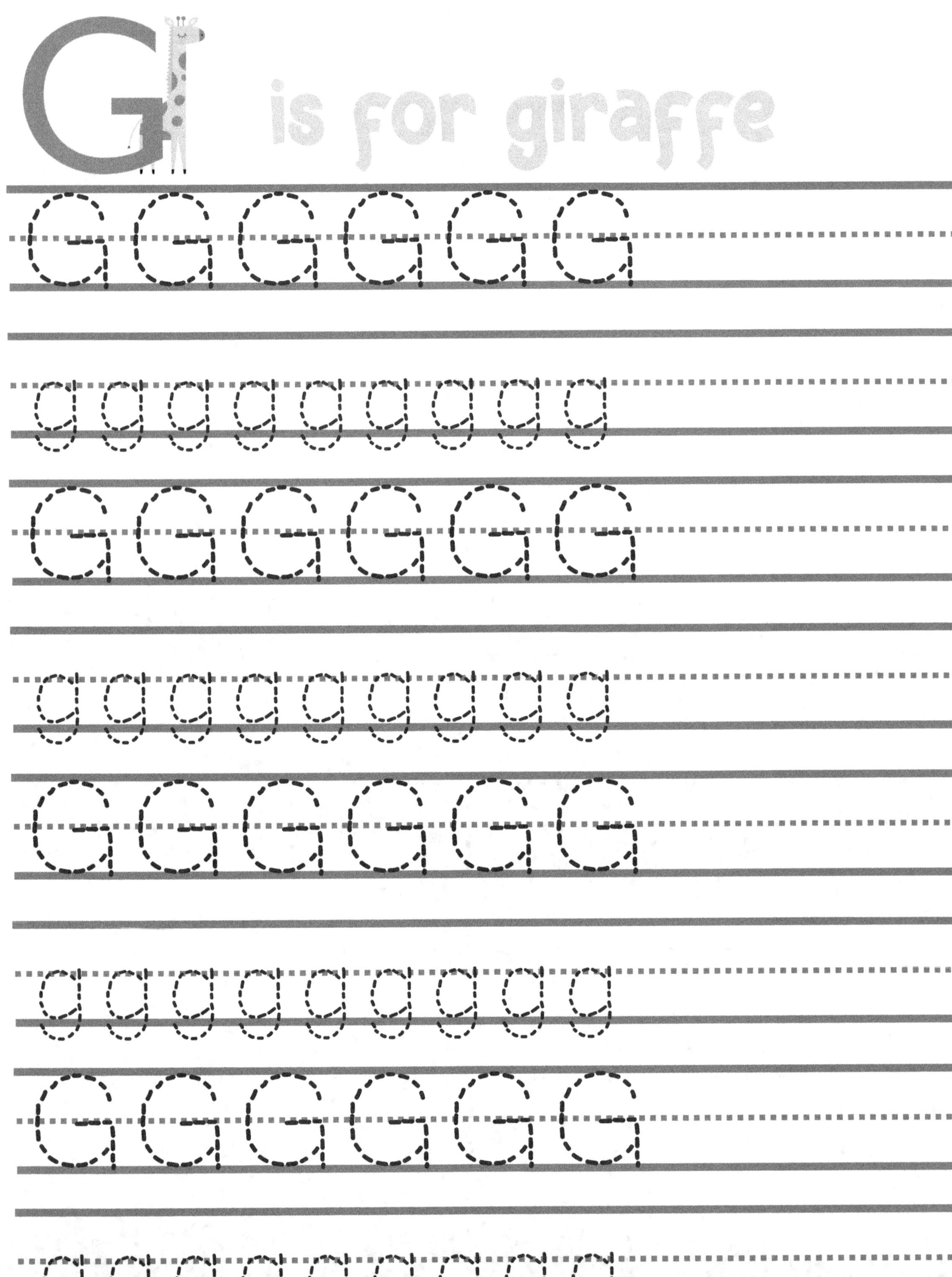
G is for giraffe

is for hedgehog

H H H H H H

h h h h h h h h h

H H H H H H

h h h h h h h h h

H H H H H H

h h h h h h h h h

H H H H H H

h h h h h h h h h

I is for iguana

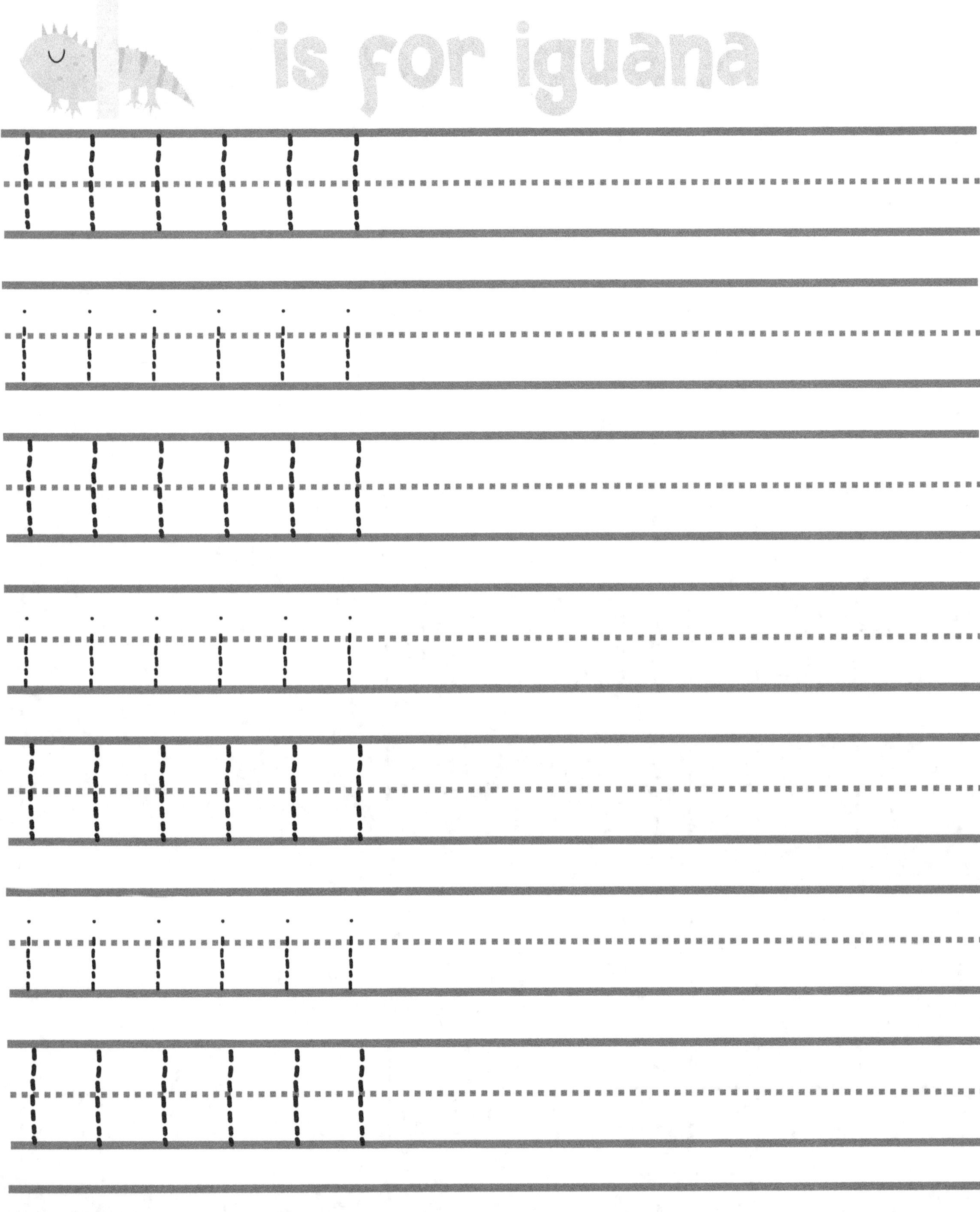

J is for jellyfish

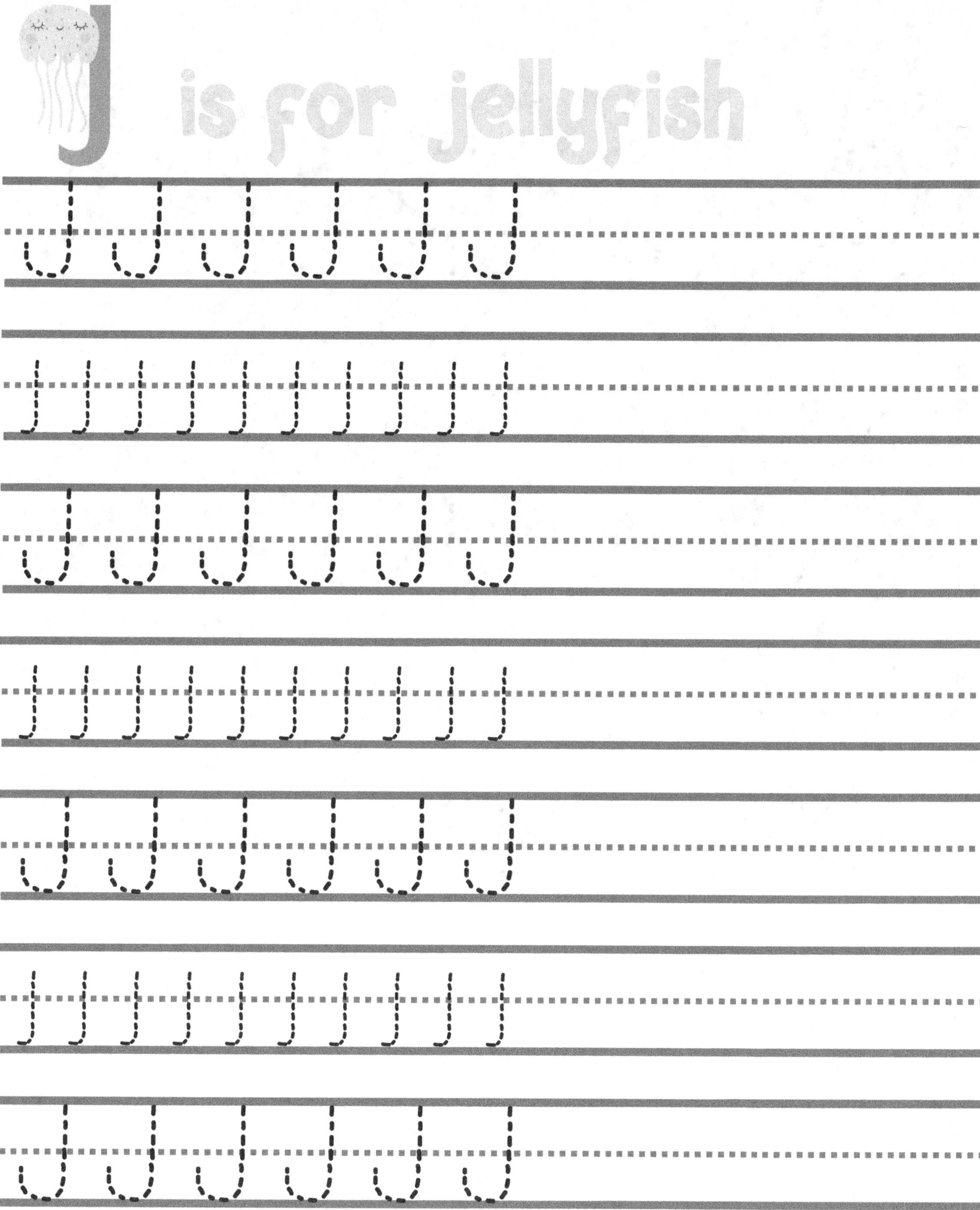

is for kangaroo

K K K K K K

k k k k k k k k k

K K K K K K

k k k k k k k k k

K K K K K K

k k k k k k k k k

K K K K K K

k k k k k k k k k

is for lion

is for monkey

M M M M M M M

m m m m m m m

M M M M M M M

m m m m m m m

M M M M M M M

m m m m m m m

M M M M M M M

m m m m m m m

is for narwhal

N N N N N N N

n n n n n n n n n

N N N N N N N

n n n n n n n n n

N N N N N N N

n n n n n n n n n

N N N N N N N

n n n n n n n n n

is for owl

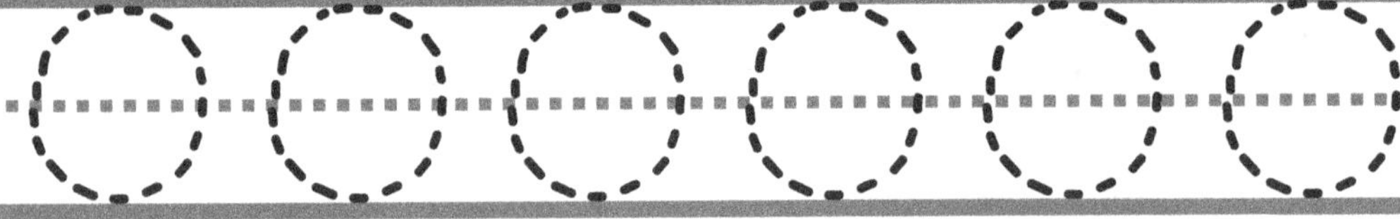

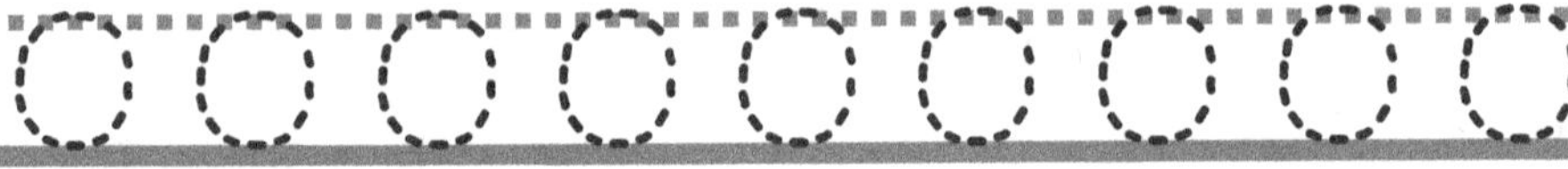

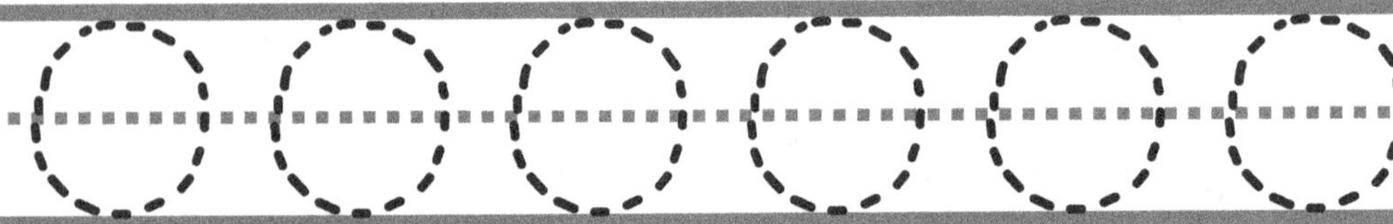

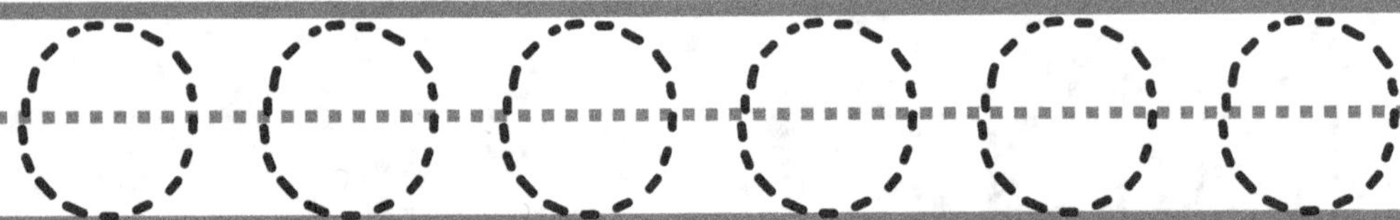

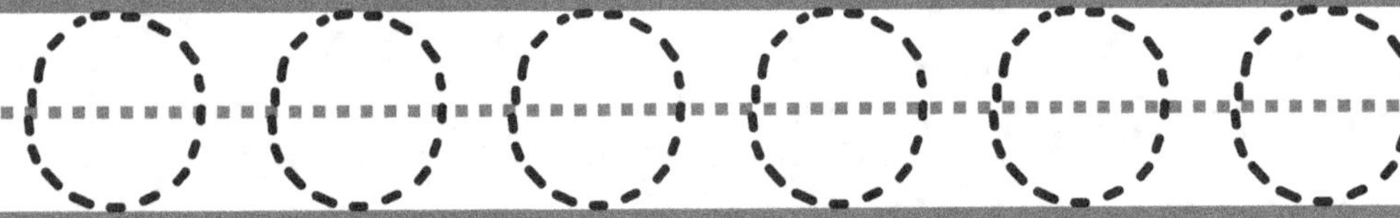

P is for penguin

P P P P P P

p p p p p p p p

P P P P P P

p p p p p p p p

P P P P P P

p p p p p p p p

P P P P P P

p p p p p p p p

is for quail

Q Q Q Q Q Q

q q q q q q q q q q

Q Q Q Q Q Q

q q q q q q q q q q

Q Q Q Q Q Q

q q q q q q q q q q

Q Q Q Q Q Q

q q q q q q q q q q

R is for rabbit

R R R R R R

r r r r r r r r r

R R R R R R

r r r r r r r r r

R R R R R R

r r r r r r r r r

R R R R R R

r r r r r r r r r

S is for squirrel

S S S S S S

s s s s s s s s

S S S S S S

s s s s s s s s

S S S S S S

s s s s s s s s

S S S S S S

s s s s s s s s

is for turtle

is for unicorn

V is for vampire bat

V V V V V V

v v v v v v v v

V V V V V V

v v v v v v v v

V V V V V V

v v v v v v v v

V V V V V V

v v v v v v v v

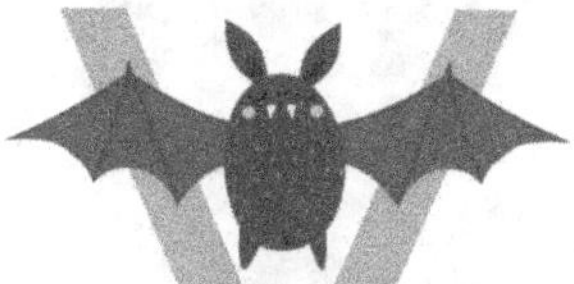

W is for whale

W W W W W W

w w w w w w w w

W W W W W W

w w w w w w w w

W W W W W W

w w w w w w w w

W W W W W W

w w w w w w w w

is for x-ray fish

X X X X X X

x x x x x x x x x

X X X X X X

x x x x x x x x x

X X X X X X

x x x x x x x x x

X X X X X X

x x x x x x x x x

is for yak

Y Y Y Y Y Y

y y y y y y y y y

Y Y Y Y Y Y

y y y y y y y y y

Y Y Y Y Y Y

y y y y y y y y y

Y Y Y Y Y Y

y y y y y y y y y

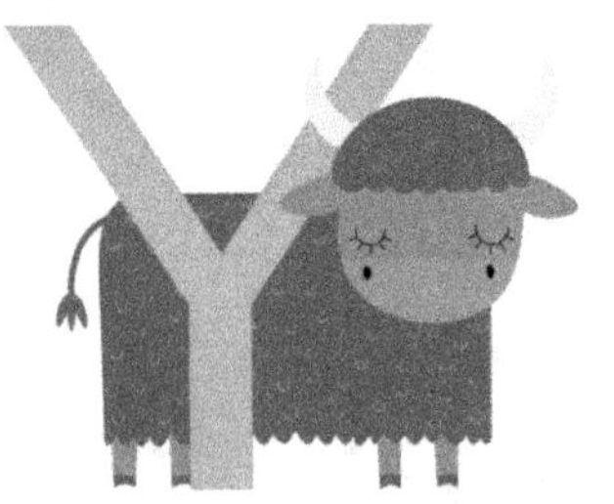

is for zebra

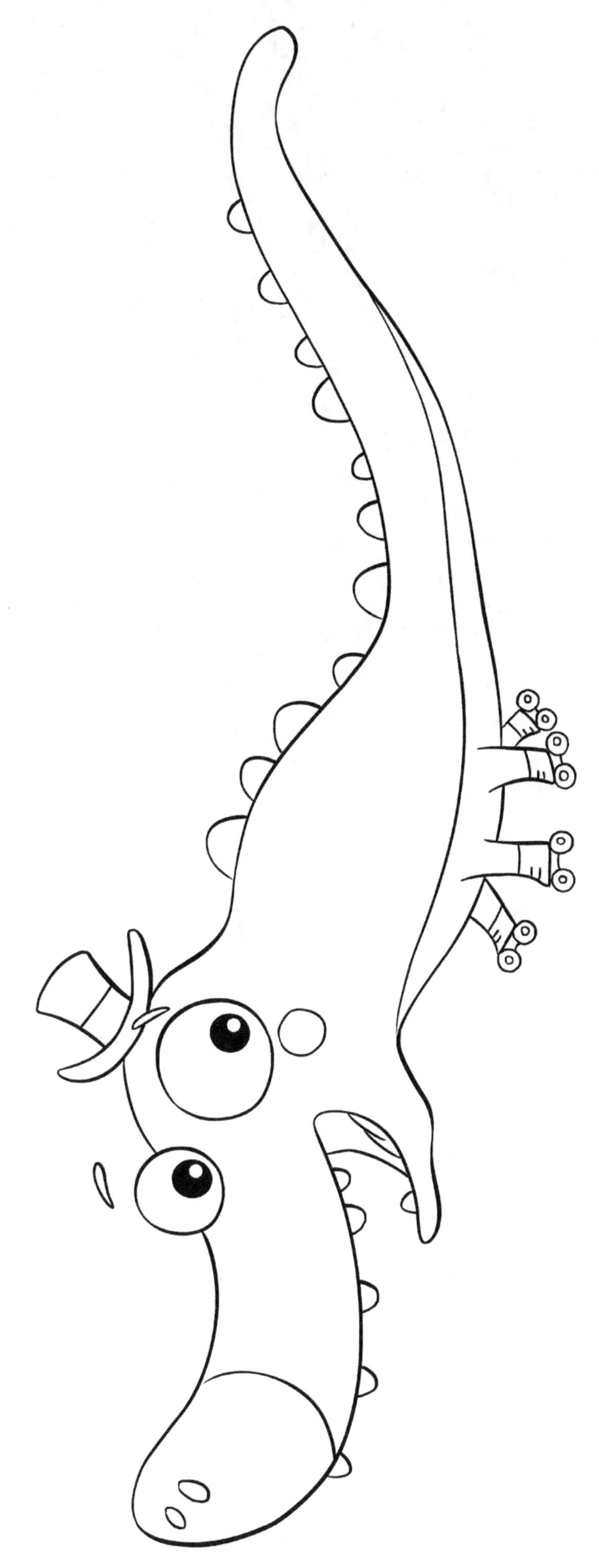

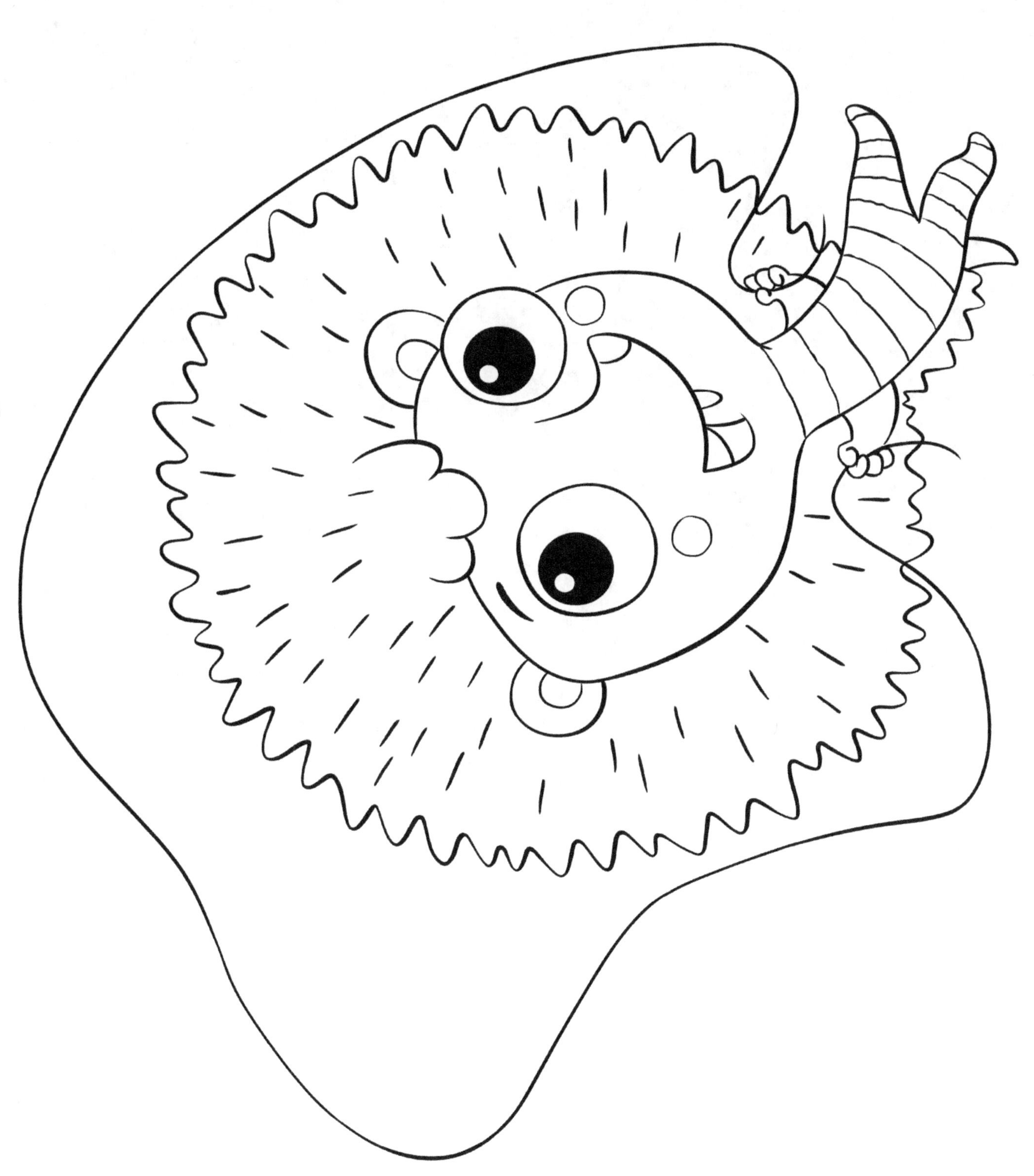

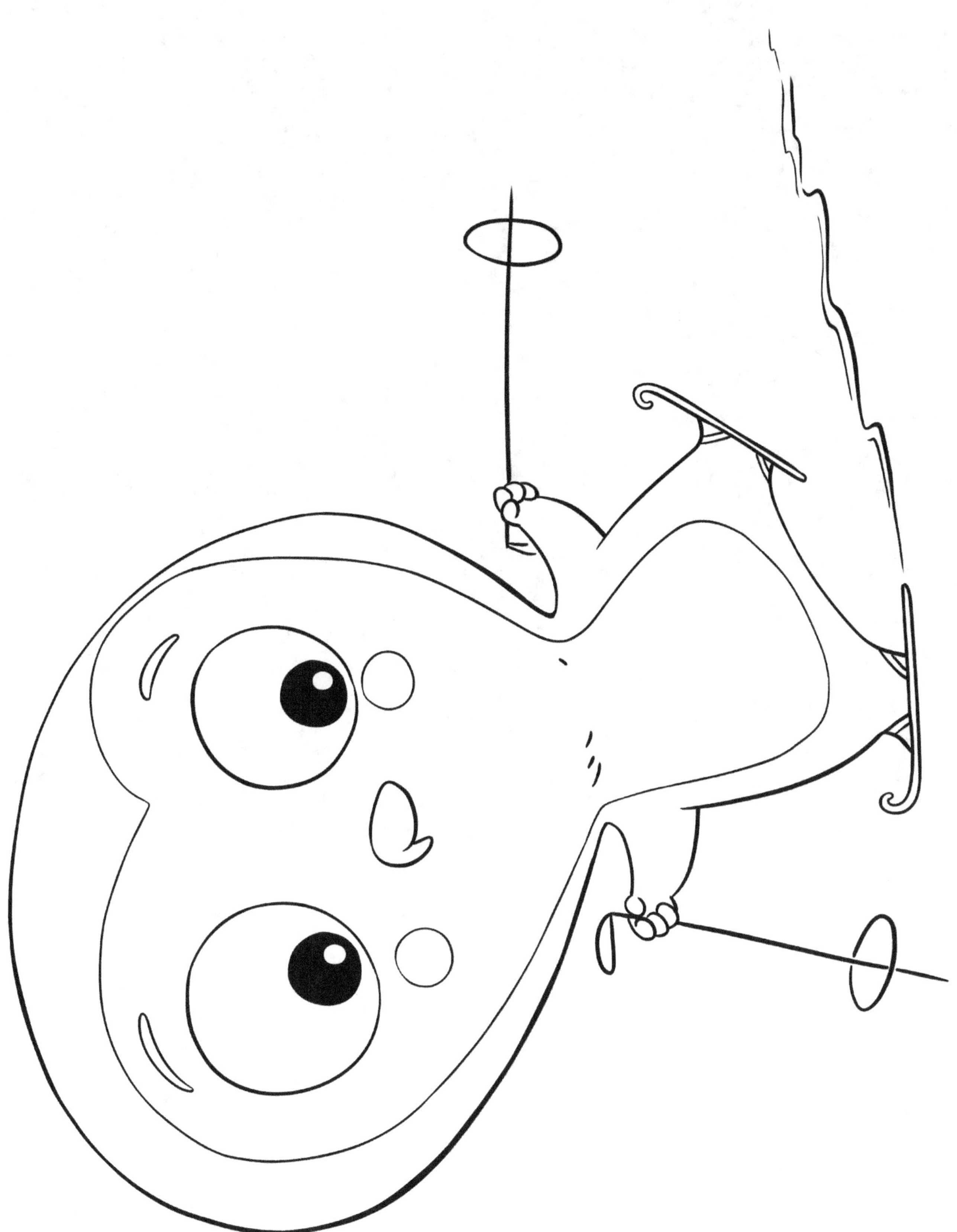

M
m

Y
y

www.ingramcontent.com/pod-product-compliance
Lightning Source LLC
Chambersburg PA
CBHW080915160726
48000CB00009B/3002

* 9 7 9 8 6 4 5 2 3 1 7 7 4 *